세상을 만든 책과 기록

김향금

1964년 서울에서 나고 자랐습니다. 서울대학교 지리학과와 국문학과를 졸업하고,
같은 학교 대학원에서 고전문학을 전공했습니다. 지금은 책을 기획하고, 글을 쓰고,
다른 나라 책을 우리말로 옮기는 작업을 하고 있습니다.
《아무도 모를 거야 내가 누군지》,《세상을 담은 그림 지도》,《사윗감 찾아 나선 두더지》,
《어흥, 호랑이가 간다》,《사람과 세상을 잇는 다리》,《누구나 세상의 중심이다》를 썼으며,
'한국사 탐험대'와 '초등학생을 위한 첫 우리 고전' 시리즈를 기획하고
'한국생활사박물관' 시리즈를 만들었습니다.

홍선주

어린 시절 동화책 속의 그림부터 확인하며 책을 읽다가 일러스트레이터가 되었습니다.
1998년 서울 일러스트레이션전, 2000년 출판미술협회 공모전에서 동화 부문 은상을 수상했습니다.
요즘은 전통 문화와 옛사람들의 일상에 관심이 많아서 그런 분야의
그림을 그리게 될 때 아주 행복함을 느낍니다. 작품으로는《콩중이 팥중이》,
《시금새금 마을의 로링야》,《슬기둥 덩뜰당뜰 저 소리를 들어 보오》,《초정리 편지》,
《퉁소 소리와 용》,《박씨부인전》,《금자를 찾아서》,《진휘 바이러스》,《세상을 구한 활》,
《공주도 똥을 눈다》,《흰 산 도로랑》,《임금님의 집 창덕궁》,《성균관》,《네 편이 되어 줄게》,
《시금털털 막걸리》등이 있습니다.

우리알고 세계보고 • 5

세상을 만든 책과 기록

김향금 글 | 홍선주 그림

아주 먼 옛날, 강가에 고래 마을이 있었어.
이 마을 사람들은 앞바다에 나가 고래잡이를 했지.
"귀신고래다! 후미진 곳으로 고래를 몰아라!"
귀신고래를 작살로 잡아, 밧줄에 매달고 뭍으로 끌고 왔어.
아이들이 우르르 몰려와 고래에 대해 요것조것 물어봤어.
어른들은 고래의 생김새랑 습관을 자세하게 알려 주었지.
이 마을 아이들은 어릴 적부터 고래 이야기를 듣고 자랐어.
밤이면 밤마다, 할머니는 고래잡이에 나선 용감한 조상들 이야기를 해 주었지.
고래를 잡는 기술은 머릿속에 꼭꼭 기억해 두었다가
사람들의 입에서 입으로, 노래와 이야기로 대대손손 전해졌어.

"아뿔싸! 누가 고래 고기를 자르지?"
고래 자르는 일은 아무나 못해. 고래 몸집이
어마어마하게 크고 뼈도 있거든.
그런데 고래를 자르던 할아버지가
덜컥 병이 나서 세상을 떠나 버렸어.
이 사람, 저 사람의 기억을 꿰어 맞춰
가까스로 고래 고기를 잘랐네.
어느 날, 커다란 바위 앞에 사람들이 모였어.
"이참에 고래에 대한 걸 몽땅 새겨 놓자."
고래가 많이 잡히기를 바라는 마음을 담아서
고래 그림을 바위에 새겼어.
누구나 알기 쉽게 고래잡이에 꼭 필요한 사실을
바위에 저장해 둔 거란다.

매듭 문자
옛날 잉카 제국에서는 끈의 매듭을 이용한 '키푸'로 기억을 보조했어.

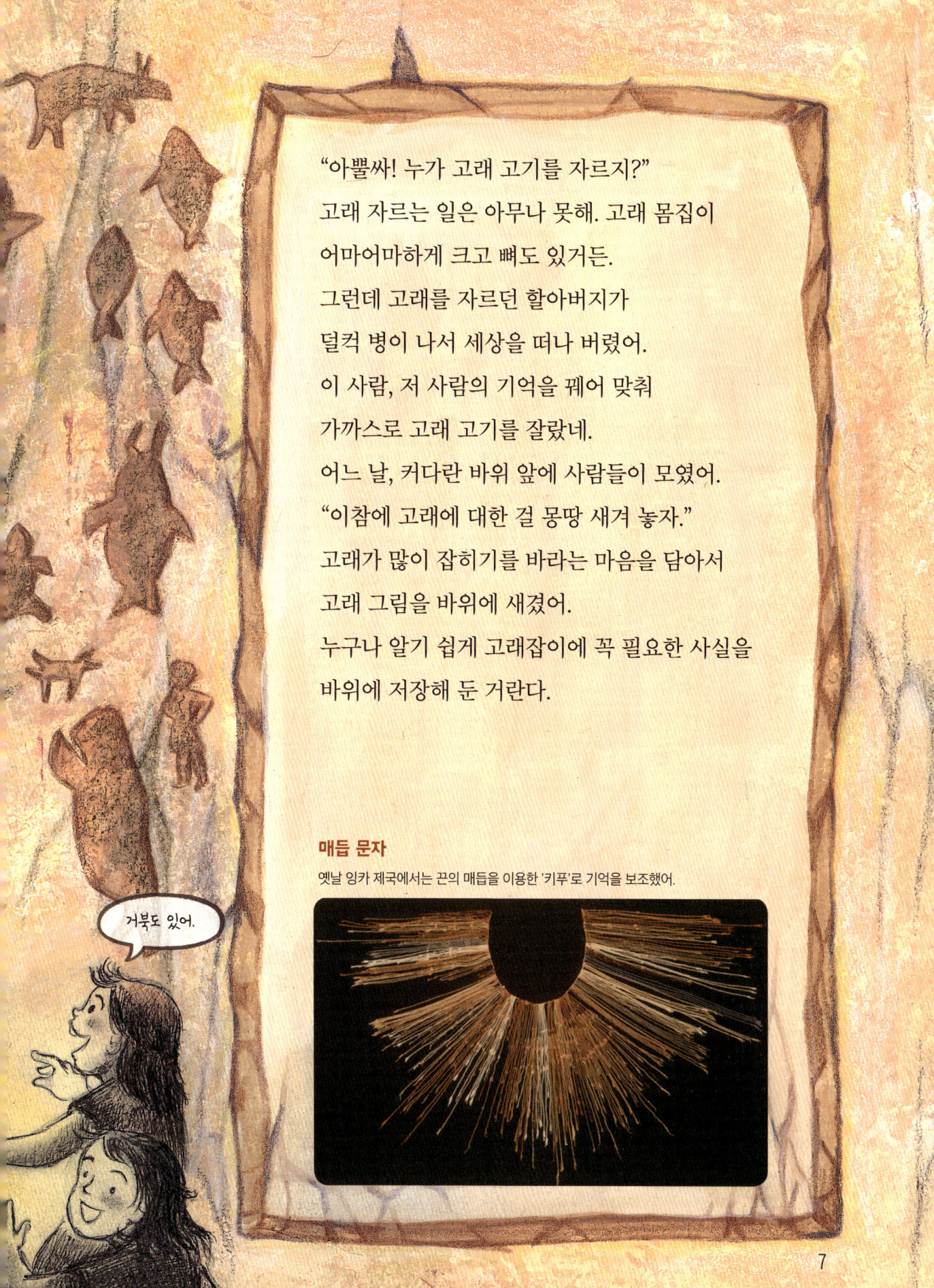

거북도 있어.

저런, 조용한 마을에 한바탕 소동이 벌어졌네!
여러 해 전, 살림이 넉넉한 사람이 이웃들에게
곡식을 꿔 주었거든. 나무토막에다 꿔 준 볏단의
숫자만큼 홈을 팠어. 나무토막을 반으로 갈라
이웃들이랑 나눠 가졌지.
세월이 흐르자 손때가 묻고 홈이 뭉개져 버렸어.
서로 "다섯 단이네.", "여섯 단이네." 하고 멱살잡이를
했지. 옥신각신한 끝에, 나무토막에 홈 대신
'아무개, 볏단 六(육)'이라고 적기로 했어.
여섯을 뜻하는 '육(六)'은 중국에서 전해 온 한자야.
우리 조상님들은 오랫동안 한자를 빌려 우리말을
적었어. 한자를 쓰자 필요한 정보를 정확하게
글로 적는 '기록'을 제대로 할 수 있게 되었어.

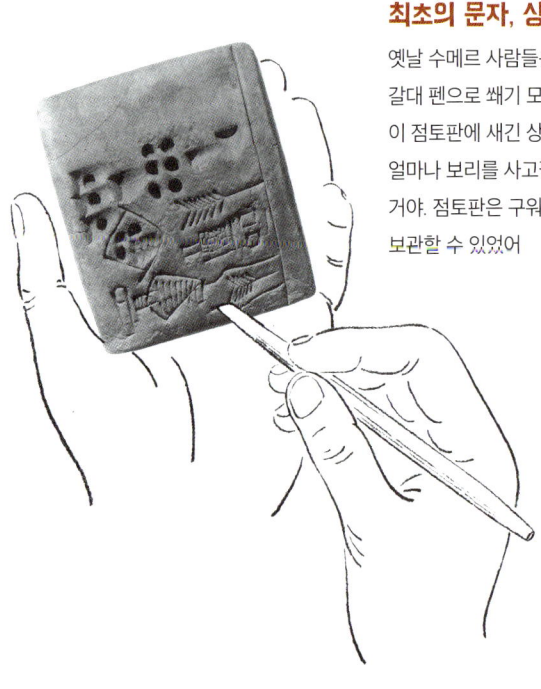

최초의 문자, 상형 문자

옛날 수메르 사람들은 점토판에 뾰족한
갈대 펜으로 쐐기 모양을 새겼어.
이 점토판에 새긴 상형 문자는 누가, 언제,
얼마나 보리를 사고팔았는지 적어 놓은
거야. 점토판은 구워 두면 오랫동안
보관할 수 있었어

신라 사람 절거리는 아버지 때부터 시작된 소송 때문에
머리가 지끈거렸어.
큰 재물을 걸고 재판이 벌어졌는데 먼저 임금이
절거리 아버지의 손을 들어 주었거든. 그런데 상대편에서
먼젓번 판결이 잘못되었다며 또 소송을 한 거야.
"내 자식한테까지 이런 일을 또 겪게 할 수는 없어!"
소송에서 다시 이기자 절거리는 자그마한 돌에다
판결 내용을 새겨 두기로 했어. 절거리는 비석을 보자
그제야 마음이 놓였어. 이 자그마한 비석만
대대로 간직하면 다시는 소송에 휘말릴 염려가 없으니까.
돌은 큼지막해서 꽤 많은 글을 쓸 수 있는 데다가
쉽게 깨지지 않았어. 아무나 함부로 손댈 수 없었지.
사람들은 중요한 정보를 길이 남기고자 할 때는
돌에다 글을 새겼어.

세계 최초의 법전, 함무라비 법전
아주 먼 옛날 바빌로니아의 함무라비 왕은 2미터가
넘는 돌기둥에 세계 최초로 법전을 새겨 두었어.
기둥의 위쪽에는 왕이 샤마슈 신에게 법전을 받는
그림을 돋을새김으로 새겨 위엄을 더했지.

"공자님 가라사대, 배우고 때때로 익히면 즐겁지 아니한가."
학자가 대나무 책에 적힌 공자님 말씀을 큰 소리로 읊고 있어. 대나무 책은 대나무를 잘게 쪼갠 다음 끈으로 엮어 만든 책이야. 대나무는 가볍고 단단하며 주위에서 재료를 쉽게 구할 수 있었어.

"이 사람에게 쌀 다섯 섬을 보내시오."
창고지기가 나무토막에 적힌 대로 심부름꾼에게 쌀을 내주었어.
이 나무토막은 나라 문서나 물건에 달아 두는 꼬리표로 쓰였어.

임금이 내리는 글,
그림, 지도는 비단에
그리거나 썼어.
비단은 쓸 수 있는 면적이
넓고 둘둘 말아 두면
보관하기에 좋았지.
종이가 나오기 전에는
주변에서 구할 수 있는
온갖 재료에다 기록을
했단다.

파피루스와 이집트 서기관
옛날 이집트 사람들은 나일 강 주변에서
자라는 파피루스라는 식물의 줄기를
이용해서 글을 쓰는 재료를 만들었어.
파피루스를 한 장씩 이어 붙여
두루마리를 만들었지. 서기관은
두루마리가 아주 길기 때문에
책상다리를 하고 앉아서 글씨를
썼대.

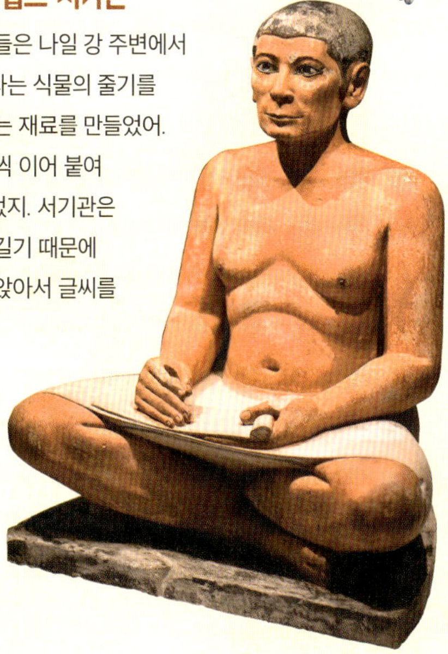

휴우, 대나무 책은 무겁고 부피가 커서 책을 옮기기가 너무 힘들어!
나무토막은 작아서 글자를 많이 쓸 수 없네.
쯧쯧, 비단은 워낙 비싸서 보통 사람들은 쓸 엄두를 낼 수 없어.
좀 더 편리한 재료가 없을까?
사람들은 닥나무를 찾아내 종이를 만들었어.
종이는 가볍고 보드랍고 질겨서 글씨를 쓰기에 딱 좋았지.
치자나 잇꽃, 쪽물 같은 천연 염료로 물들이면 곱디고운 색깔 종이가 되었고.
우리나라 종이인 한지는 품질이 좋은 걸로 이웃 나라에서도 손꼽혔대.
종이가 만들어지고 드디어 종이 책이 등장했어!
종이 책은 가볍고 갖고 다니기 간편했어.

종이는 어떻게 만들었을까?

❶ 닥나무를 베어요.

❷ 가마솥에 쪄요.

❸ 겉껍질을 벗겨 내요.

❹ 풀을 섞어 저어 줘요.

❺ 닥섬유를 방망이로 콩콩 찧어요.

❻ 종이를 한 장씩 떠요.
닥종이를 한 장씩 말려요.

가벼워서 좋구만.

처음 나온 종이 책은 두루마리 책이었어.
종이를 길게 이어 붙인 다음, 한끝에는 둥근 막대를,
다른 끝에는 표지를 덮어씌우고 끈을 달아 보통 때는
돌돌 말아 두었지. 하지만 한쪽을 보려면 전체를
폈다 감았다 해야 하니 번거로워.

아이쿠! 또 찢어졌네.

긴 종이를 병풍처럼 접은 다음
앞뒤로 표지를 붙인 책이 나왔어.
이렇게 접으니 한 장씩 훌훌 넘기면서
읽을 수 있어. 하지만 접힌 부분이
금세 너덜너덜해지다가
한 쪽씩 떨어져 나가 버렸어.

서양 책은 양피지에서!
값비싼 파피루스 대신 양피지가 나와
오랫동안 글 쓰는 재료로 사용되었어. 양피지는
양, 소, 염소 가죽을 잘 다듬은 것인데 커다란
양피지를 접고 잘라 책을 만들었어. 한 장씩
넘기는 양피지 책에서 지금 서양 책이 나왔대.

"책 펼쳐요~"

"공부 끝!"

이번에는 종이를 가지런히 쌓은 다음 앞뒤로 표지를 붙였어. 표지 오른쪽에 다섯 개의 구멍을 뚫은 다음 튼튼하게 꼰 실로 꿰맸어. 표지는 황색으로 물들이고 은은한 무늬를 찍어 멋스러움을 뽐냈지. 마침내 손쉽게 펼쳐 볼 수 있고 여러 번 읽어도 해지지 않는 튼튼하고 멋진 책이 완성되었어!

고려의 유명한 학자가 공부하는 방이야.

학자가 슬근슬근 먹을 갈았어.

붓에 먹물을 듬뿍 묻혀, 단숨에 붓으로 글씨를 죽 써 내려가지.

학자는 손수 지은 시와 글을 모아 책으로 엮을 생각이야.

책은 처음에는 일일이 사람 손으로 썼어.

지은이가 직접 쓴 책과 다른 사람이 그 책을 베낀 것이 있지.

옛날에는 책이 귀해서 아무나 가질 수 없었어.

흔히 다른 사람의 책을 빌려다 한 글자씩 정성껏 베껴 쓴 책을 봤어.

점차 베껴 쓰기를 전문적으로 하는 사람이 나타나기도 했어.

손으로 글씨를 쓰다 보니 붓글씨 솜씨를 뽐내는

서예라는 예술이 생겨나기도 했단다.

중세 수도원의 책 베끼기
서양의 중세 수도원에서는 수도사들이 책을 베껴 쓰는 일을 했어. 수도사들은 책상 앞에 구부정하게 앉아 성경이나 그리스·로마의 고전 작품을 양피지에다 베껴 썼어.
수도사들은 고된 노동을 했지만 수도원의 도서관을 통해 그리스·로마의 고전 작품들이 훗날까지 전해진 거야.

질 좋은 나무를 다듬어 넓적한 나무판을 만들었어.
각수가 조각칼로 글자를 한 자 한 자 목판에 새겨.
글자를 다 새기면 솔에 먹물을 묻혀 목판에 골고루 칠했어.
그 위에 종이를 얹고 털 뭉치로 가볍게 문지르면 종이에 글자가 찍혀 나왔어.
이렇게 글자를 새긴 목판에 먹을 묻혀 종이로 찍는 것을 '목판 인쇄'라고 해.
목판에 글자를 새겨 놓으면 한꺼번에 많은 책을 찍을 수 있었어.

고작 스무 장을 찍으려고 목판에 그 많은 글자를 새겨야 한다니!
목판 인쇄는 시간도, 비용도, 노력도 너무 많이 들고
엄청난 양의 목판을 간수하기도 힘들어.
옛날부터 우리 조상들은 금속을 다루는 기술이 뛰어났어.
고려 사람들은 이런 기술을 바탕으로 '금속 활자 인쇄술'을
세계 최초로 발명했어. 금속 활자 인쇄란, 금속으로 활자를 만들어 두고
활자를 모아서 인쇄하는 거야.
먹을 묻혀 책을 다 찍고 나면 활자를 헤쳐 놓았어.
그러다가 필요할 때마다 활자를 모아 판을 짜면 언제든 다시 찍을 수 있었어!
금속 활자가 생기자 여러 가지 책을 빨리 찍어 낼 수 있게 되었어.

금속 활자 만드는 법

❶ 벌집을 녹여 만든 밀랍을 준비해요.

❷ 밀랍을 녹여 판형 틀에 부어요.

❸ 굳은 밀랍 판형을 떼어 내요.

❹ 밀랍 판형에 글자 본을 뒤집어 붙여요.

❺ 글자를 새겨요.

❻ 밀랍 활자 가지쇠를 만들어요.

❼ 거푸집을 만들고 열을 가해 밀랍을 녹여요.

❽ 거푸집에 쇳물을 부어요.

❾ 가지쇠에서 활자를 하나씩 떼어 내요.

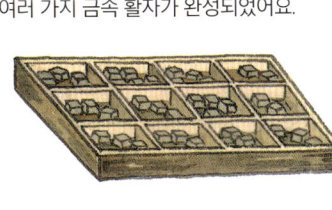
❿ 여러 가지 금속 활자가 완성되었어요.

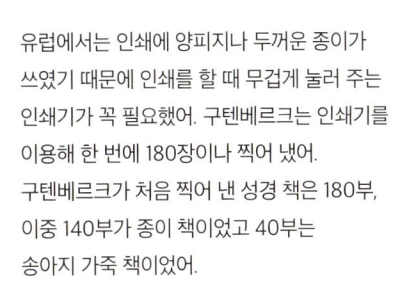
⓫ 금속 활자를 하나씩 배열해서 책을 만들어요.

구텐베르크의 금속 활자 인쇄술

우리나라보다 약간 늦게, 유럽에서도 금속 인쇄술이 등장했어. 독일의 구텐베르크는 포도를 으깨는 기계를 고쳐 만든 인쇄기로 책을 찍었어. 구텐베르크 인쇄술은 아주 짧은 시간에 유럽과 세계로 퍼져 나갔고 몇몇 사람만이 가질 수 있었던 책을 빨리, 한꺼번에 많이 찍어 내 누구나 책을 가질 수 있는 시대를 열었어.

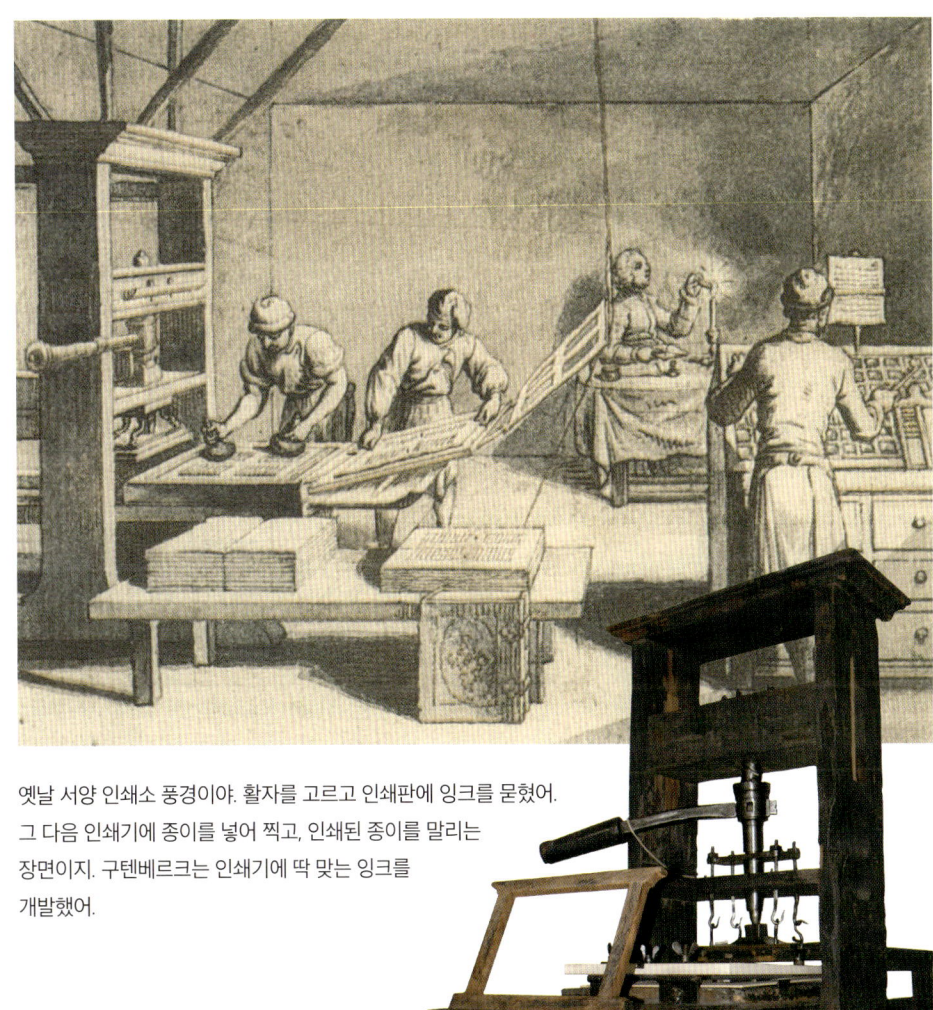

옛날 서양 인쇄소 풍경이야. 활자를 고르고 인쇄판에 잉크를 묻혔어. 그 다음 인쇄기에 종이를 넣어 찍고, 인쇄된 종이를 말리는 장면이지. 구텐베르크는 인쇄기에 딱 맞는 잉크를 개발했어.

유럽에서는 인쇄에 양피지나 두꺼운 종이가 쓰였기 때문에 인쇄를 할 때 무겁게 눌러 주는 인쇄기가 꼭 필요했어. 구텐베르크는 인쇄기를 이용해 한 번에 180장이나 찍어 냈어. 구텐베르크가 처음 찍어 낸 성경 책은 180부, 이중 140부가 종이 책이었고 40부는 송아지 가죽 책이었어.

금속 활자 만드는 법

 ❶ 벌집을 녹여 만든 밀랍을 준비해요.

 ❷ 밀랍을 녹여 판형 틀에 부어요.

 ❸ 굳은 밀랍 판형을 떼어 내요.

 ❹ 밀랍 판형에 글자 본을 뒤집어 붙여요.

 ❺ 글자를 새겨요.

 ❻ 밀랍 활자 가지쇠를 만들어요.

 ❼ 거푸집을 만들고 열을 가해 밀랍을 녹여요.

 ❽ 거푸집에 쇳물을 부어요.

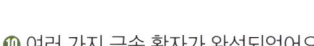
❿ 여러 가지 금속 활자가 완성되었어요.

⓫ 금속 활자를 하나씩 배열해서 책을 만들어요.

 ❾ 가지쇠에서 활자를 하나씩 떼어 내요.

조선의 세종 임금 시절에 책이 봇물 터지듯 쏟아져 나왔어. 유명한 책벌레였던 세종 임금이 금속 활자 기술을 크게 발전시킨 덕분이었지.
중앙 관청에서 금속 활자로 여러 종류의 책을 조금씩 골고루 찍어 지방으로 보내면 지방 관청에서 목판 인쇄로 책을 찍어 냈어. 시골 선비들도 책을 볼 수 있었어.
세종 임금 시절에 책과 인쇄술이 발전하면서 선비들이 읽을 책이 널리 보급되어 학문이 발달하고 찬란한 문화가 꽃피었단다.

구텐베르크의 인쇄술이 종교 개혁으로!

가톨릭에 저항하는 마르틴 루터의 글과 독일어 『성경』이 인쇄술을 통해 빠르게 퍼져 나갔어. 보통 사람들도 성경을 읽을 수 있게 되자 타락한 가톨릭을 바꾸자는 종교 개혁으로 이어졌어. 구텐베르크의 인쇄술은 유럽과 전 세계에 커다란 영향을 끼쳤어. 책은 정보를 저장하는 기억 창고로 확실하게 자리 잡게 되었어.

한자가 들어온 뒤 사람들은 말 따로, 글 따로 쓰는 불편한 언어생활을 했어.
말은 "나는 산에 오른다."고 하고, 글은 "吾登山 (나 오, 오를 등, 뫼 산)"이라고 쓴 거지.
게다가 백성들은 농사짓는 데 바빠 한자를 배울 겨를이 없었어.

아이구, 한자는 너무 어려워.

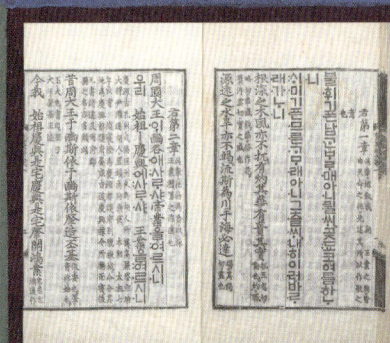

용비어천가
훈민정음으로 지어진 최초의 작품이야. 조선을 세우기까지 왕의 4대 선조들과 태조, 태종의 공덕을 찬양한 노래야.

훈민정음은 말소리를 내는 발음 기관의 모양을 본떠 만든 과학적인 글자야. 무엇보다 누구나 쉽고 빠르게 배울 수 있어서 좋았어.
한자로는 적기 힘들었던 기쁨, 슬픔, 노여움 같은 세세한 느낌이며, "꼬끼오~"
닭 우는 소리랑 "컹컹!" 개 짖는 소리까지, 우리말을 소리 나는 대로 적는 데 편리했어.

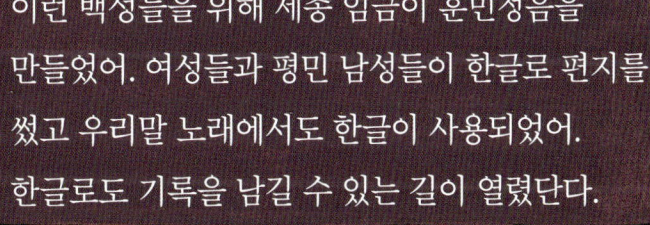

이런 백성들을 위해 세종 임금이 훈민정음을 만들었어. 여성들과 평민 남성들이 한글로 편지를 썼고 우리말 노래에서도 한글이 사용되었어. 한글로도 기록을 남길 수 있는 길이 열렸단다.

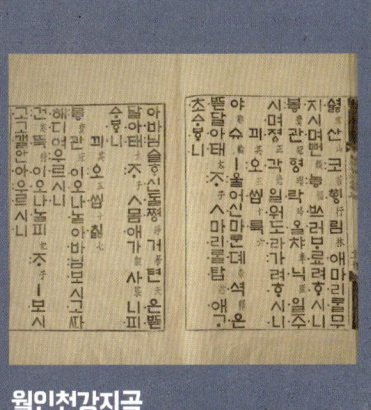

월인천강지곡
한글로 지어진 작품이야. 세종 임금이 석가모니의 공덕을 찬양하기 위해 직접 지은 노래야.

조선에서는 임금이 죽으면 바로 『실록』을
만드는 일을 시작했어.
실록은 그 임금 시절에 무슨 일이 벌어졌는지를
시간 순서대로 기록한 역사책이야.
기록을 맡은 사관들은 평소에 임금 곁에서
임금의 말과 행동 하나하나를 기록해 두었어.
임금이 죽고 나면 여러 곳에서 모은 글을
간추려 내고 거기다 사관의 의견을 보태
금속 활자로 실록을 펴냈어.
후손들이 실록을 보고 임금의 잘잘못을 따질 수
있었기 때문에 제아무리 임금이라도 함부로
볼 수 없었어. 실록은 깊은 산속에 안전하게
보관해 두었어.
조선은 지나칠 만큼 꼼꼼한 기록의 나라.
'지금, 이곳의 역사'를 철저하게 기록함으로써
훗날 후손들이 본받을 수 있도록 하는
기록 정신이 절정을 이루었단다.

프랑스 인권 선언문

유네스코는 전 세계에서 귀중한 기록 유산이
사라지는 것을 막기 위해 2년마다
세계 기록 유산을 새롭게 정하고 있어.
세계 기록 유산은 영국의 마그나카르타(대헌장)나
프랑스 인권 선언문, 인도의 『리그 베다』,
레바논의 페니키아 문자, 미국의 『오즈의 마법사』,
도이칠란트의 『어린이와 가정의 이야기(그림 동화)』
같이 인류의 역사에서 보존해야 할 기록물이
포함되어 있어. 우리나라는 『조선왕조실록』을
비롯해 13건의 세계 기록 유산을 보유한 기록
강국이란다.

"저기다!"
이제나저제나 임금이 탄 가마를 기다리던 백성들이 갑자기 술렁거리기 시작했어.
정조 임금이 어머니 혜경궁 홍씨의 환갑을 맞이하여 수원 화성에 있는 아버지 사도세자의 무덤인 현륭원을 다녀오는 길이야.
삼삼오오 무리를 지은 백성들이 길목마다 임금을 기다리고 있었어.
나라에서는 궁중 화원을 시켜 임금 행차와 구경꾼들을 생생하게 그림으로 기록해 두었어.
조선에서는 왕실의 크고 작은 행사는 글과 그림으로 '의궤'에 남겨 놓았어.
마치 동영상을 보듯 생생하게 행사 장면이 그려져 있어서 왕실에서 비슷한 행사를 치를 때 보고 참조하도록 했단다.

구경꾼까지 그렸어.

길거리에서 사람들이 책 읽어 주는 이를 겹겹이 에워싸고 있어.
"심청이가 울며불며 인당수에 막 빠지려는데……."
책 읽어 주는 이가 요 대목에서 갑자기 멈추자 사람들이
다음 이야기가 궁금해 앞을 다투어 동전을 던졌어.
한글 소설 『심청전』, 『숙향전』, 『조웅전』이 큰 인기를 끌자
책을 전문적으로 읽어 주는 이가 길거리에서 사람들을 울고 웃겼대.
또 가슴이나 소매에 책을 잔뜩 담아 가지고 파는 책 장수가 생겨났어.
책을 살 형편이 못 되는 사람들은 책을 빌려주는 대여점을 이용했지.
여인네들은 한글 소설을 무지 좋아해서 비녀를 팔아 책을 빌려 밤새 읽었대.
백성들 사이에서 한글 소설이 날개 돋친 듯 팔려 나갔어.
여성들과 백성들이 재미 삼아 책을 읽는 시대가 되었어.

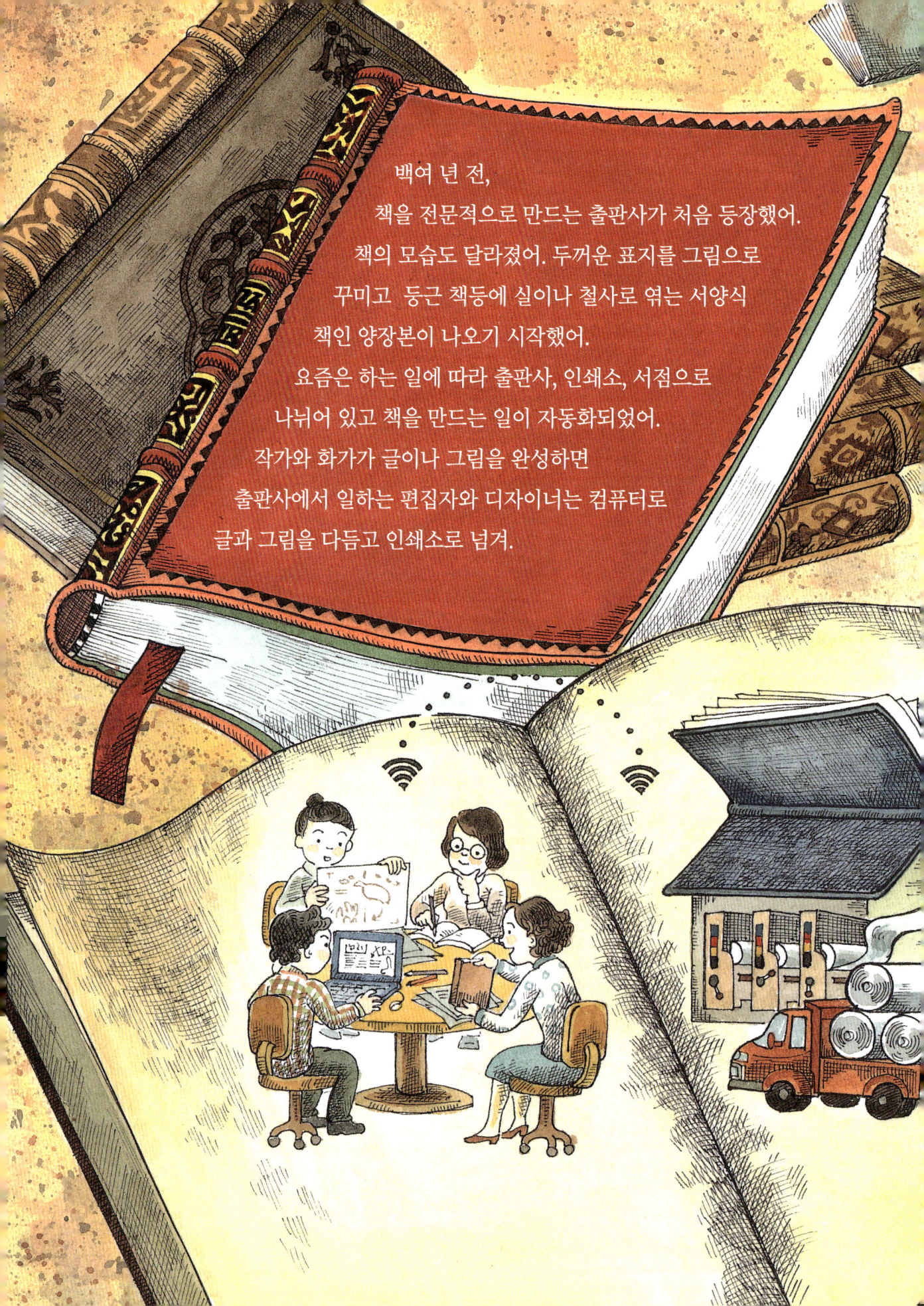

백여 년 전,
책을 전문적으로 만드는 출판사가 처음 등장했어.
책의 모습도 달라졌어. 두꺼운 표지를 그림으로
꾸미고 둥근 책등에 실이나 철사로 엮는 서양식
책인 양장본이 나오기 시작했어.
요즘은 하는 일에 따라 출판사, 인쇄소, 서점으로
나뉘어 있고 책을 만드는 일이 자동화되었어.
작가와 화가가 글이나 그림을 완성하면
출판사에서 일하는 편집자와 디자이너는 컴퓨터로
글과 그림을 다듬고 인쇄소로 넘겨.

인쇄소에서는 거대한 기계가
눈 깜짝할 사이에 수천 권의 책을 한꺼번에 찍어 내.
하루에도 셀 수 없이 많은 책이 쏟아져 나오고
서점에는 수만 권의 책이 진열되어 있어.
동네 도서관에 잠깐 들러 맘껏 책을 보거나
집으로 빌려 올 수도 있어.
손안에 들어오는 전자책으로 책을 보는 시대가 왔어.

국립중앙도서관

서울대학교 규장각

예나 지금이나 소중한 정보를 담은 책이나 기록물은 흩어지지 않게
모아 놓고 보관하고 있어.
국립중앙도서관은 우리나라에서 새로 나온 모든 책을 모아 놓고 있어.
서울대학교 규장각은 조선의 규장각을 이어받아
귀중한 옛날 책과 지도들을 간직하고 있어.
국가기록원은 나라의 중요한 문서를 모으고 관리하는 곳이야.
그 가운데 나라기록관은 나라에서 하는 일을 적은 행정 문서를,
대통령기록관은 대통령에 관한 문서를,
역사기록관은 『조선왕조실록』 같은
대한민국이 세워지기 전의 책과 문서를 보관하고 있지.
우리나라는 찬란한 기록의 역사를 지니고 있어.
옛날 우리 조상들은 기록이 없으면 역사가 없고,
역사가 없는 민족은 이 세상에 살아남을 수 없다고 굳게 믿었단다.

국가기록원

정조 임금은 세손 시절부터 하루도 빠짐없이 일기를 썼대.
그 일기가 후대 임금 것까지 쌓이고 모여 『일성록』이라는 역사책이 되었어.
네가 자그마한 일기장에 만날 쓰는 비밀 일기는 너의 작은 역사이자
나중에 다른 사람들이 쓴 일기와 합해지고 보태져
아주 위대한 보통 사람들의 역사가 될 수 있단다.

책과 기록의 역사

어디에? 무엇을? 어떻게? 왜? 쓸까?

한눈에 보는 책과 생활

아주 먼 옛날에는 글자도, 종이도, 연필도 없었어요. 그때에는 생활에 꼭 필요한 정보를 머릿속에 기억하는 수밖에 없었지요. 중요한 정보는 흥겨운 노랫말이나 재미있는 이야기로 바꾸어 오래 기억하도록 했지요.

우리 삶에 가치 있는 정보를 저장하는 행위를 '기록'이라고 합니다. 문자와 종이가 발명되면서 책과 기록의 역사는 전성기를 맞이하게 되었어요. 종이 책이야말로 지식 정보를 저장하는 가장 효과적인 수단이었어요. 한발 더 나아가, 책을 무한대로 찍어 낼 수 있는 인쇄술의 탄생은 책과 기록의 역사에서 혁명적인 사건이었지요. 드디어 소수의 사람이 독점하던 정보가 수많은 사람에게로 퍼져 나가게 되었어요.

다양한 책의 세계

종이 책이 발명되기 이전에도, 다양한 재료를 이용한 책들이 있었어요. 오늘날 우리가 보기에는 도무지 책 같아 보이지 않지만, 정보를 저장한다는 점에서는 모두 책이지요!

점토판 고대 수메르에서는 점토 판에 쐐기 문자를 새겨 넣었어요.

파피루스 고대 이집트에서 파피루스라는 식물을 이용해 책을 만들었어요. 이 파피루스에서 영어 단어 '페이퍼(paper)'가 나왔어요.

비단 책 중세 중국이나 우리나라에서는 지도나 초상화를 비단 위에 그렸어요. 우리가 책을 세는 단위인 권(卷)은 둘둘 말아 둔 비단 책에서 유래했어요.

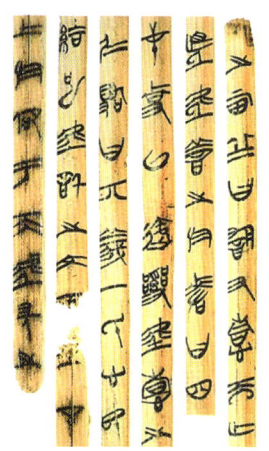

▶ **죽간** 고대 중국에서는 대나무를 엮어 그 위에 글자를 썼어요. 대나무를 엮은 모양에서 책(冊)이라는 단어가 생겨났대요.

◀ **청동 솥** 고대 중국에서는 청동 솥의 안쪽에 글자를 새겨 넣었어요.

인쇄술의 시대

문자와 종이가 발명되었어도 책은 여전히 소수의 사람만이 가질 수 있는 귀한 물건이었어요. 인쇄술의 발명으로 종이 책의 대중화 시대가 활짝 열렸어요.

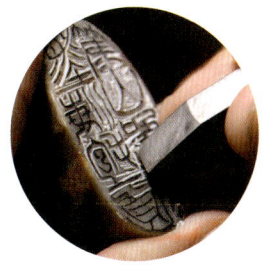

도장 고대 중국에서 발명된 도장은 인쇄술의 시작이었어요. 도장은 여전히 사용되고 있지요!

탁본 비석에 종이를 대고 먹물을 묻혀 비문을 찍어 내는 탁본은 목판 인쇄술에 바짝 다가간 것이었어요.

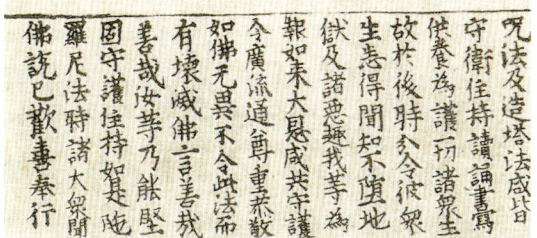

목판 인쇄(무구정광다라니경) 동양에서 8세기쯤부터 불경을 찍어 내는 목판 인쇄술이 생겨났어요. 나무에 일일이 글자를 새기기 힘들었지만 많은 양을 한꺼번에 찍어 내는 데 편리했어요.

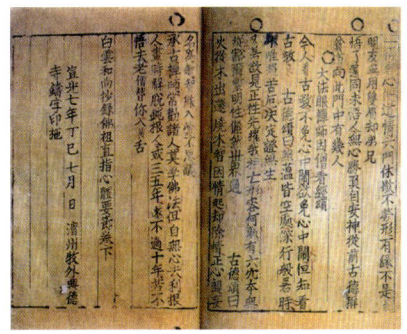

금속 인쇄(직지심체요절) 고려가 세계 최초로 금속 활자를 발명했어요. 세계에서 가장 오래된 금속 활자로 인쇄된 책은 『직지심체요절』이에요. 안타깝게도 프랑스 국립 도서관에 있어서 줄기차게 반환 운동이 벌어지고 있어요.

기록 문화의 꽃

우리나라는 『훈민정음』, 『조선왕조실록』, 『직지심체요절』, 『동의보감』을 포함해 13종의 세계 기록 유산을 보유하고 있어요. 기록 문화의 강국이라고 자부할 만하지요.

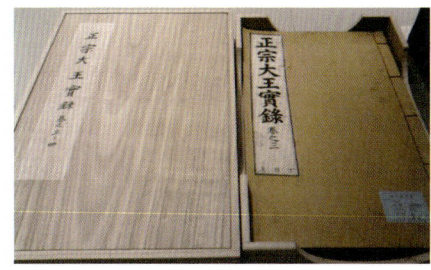

『조선왕조실록』 조선 왕조 25대 472년간의 역사를 연월일의 순서로 기록한 역사 책이에요. 정족산, 태백산, 적상산, 오대산의 네 군데 사고에 각 1부씩을 보관해 두었어요.

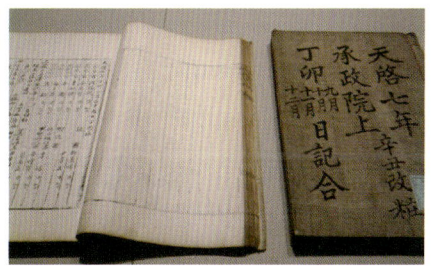

『승정원일기』 국왕의 비서실인 승정원에서 일기처럼 매일매일을 꼼꼼하게 기록한 문서를 모은 책이에요. 원본이 한 부밖에 남아 있지 않은 보물이지요.

▼**『조선 왕조 의궤』** 조선 왕조에서 국가적 행사를 글과 그림으로 기록한 책이에요. 이웃 나라인 중국, 일본, 베트남에서는 발견되지 않은 귀한 책이지요.

우리알고 세계보고 • 5
세상을 만든 책과 기록

펴낸날 2016년 11월 10일 초판 1쇄, 2017년 9월 30일 초판 3쇄
글 김향금 | **그림** 홍선주 | **기획** 山水間 | **외주 디자인** map.ing_이소영
펴낸이 김영진 | **본부장** 나경수
개발실장 박현미 | **개발팀장** 김정미 | **편집 관리** 유옥진 | **디자인 관리** 최진아
개발실장 백주현 | **아동마케팅** 정원식, 최병화, 이찬욱, 전현주, 이강원, 정재욱
콘텐츠사업 민현기, 김재호, 강소영, 정슬기
출판지원 이주연, 이형배, 양동욱, 정재성, 강보라, 손성아
펴낸곳 ㈜미래엔 | **등록** 1950년 11월 1일 제 16-67호 | **주소** 서울특별시 서초구 신반포로 321
전화 미래엔 고객센터 1800-8890, 팩스 541-8243 | **홈페이지** www.mirae-n.com

글 ⓒ 김향금, 2016
그림 ⓒ 홍선주, 2016

ISBN 978-89-378-5342-5 77910
ISBN 978-89-378-4566-6(세트)

책값은 뒤표지에 있습니다. 파본은 구입처에서 교환해 드리며, 관련 법령에 따라 환불해 드립니다. 다만, 제품 훼손 시 환불이 불가능합니다.
이 책은 저작권법에 따라 한국 내에서 보호받는 저작물이므로 무단 전재와 무단 복제를 금합니다.
이 책의 일부 또는 전부를 이용하려면 반드시 저작권자와 ㈜미래엔의 동의를 받아야 합니다.

이 도서의 국립중앙도서관 출판예정도서목록(CIP)은 서지정보유통지원시스템 홈페이지(http://seoji.nl.go.kr)와
국가자료공동목록시스템(http://www.nl.go.kr/kolisnet)에서 이용하실 수 있습니다. (CIP 제어 번호 : CIP2016024530)